ABUELO, CUÉNTAME DE TI

Copyright © Bubbles Books Ltd, 2021
Diseño y maquetación: Rocío Machuca García
Ilustración y diseño de cubierta: Silvia Roma

Reservados todos los derechos. Queda rigurosamente prohibida,
sin la autorización escrita de los titulares del "Copyright",
bajo las sanciones establecidas en las leyes, la reproducción parcial
o total de esta obra por cualquier medio o procedimiento, incluidos
la reprografía y el tratamiento informático, así como la distribución
de ejemplares mediante alquiler o préstamos públicos.

A MI ABUELO:

Puedes añadir una dedicatoria, si quieres

*La vida es como un viaje sin meta.
Lo que cuenta es el camino.*

Isabel Allende

Querido Abuelo:
la vida es como un viaje,
una aventura apasionante,
una larga travesía a un
destino desconocido.

La vida es así.

De las decisiones que tomemos, de cómo lo preparemos
y lo afrontemos, va a depender cómo nos vaya en este viaje.
Desde muy niños nos enfrentamos a momentos emocionantes, alegres,
divertidos y a veces dolorosos. Algunos los elegimos nosotros, otros llegan solos.
El amor, la amistad, el miedo, la sorpresa, el llanto, las risas y muchos otros
momentos de nuestro viaje, son únicos e irrepetibles.

Es nuestro viaje, nosotros lo pensamos, lo soñamos y lo vivimos.
Este viaje, la vida, es nuestro mayor regalo y lo tenemos que aprovechar.
¿Y qué mejor forma de hacerlo que aprendiendo de los mayores?
Así que, querido abuelo, este libro es un regalo para ti …
¡pero sobre todo también es un gran regalo para nosotros!

Los recuerdos y las experiencias de tu viaje son muy importantes
para nosotros y queremos que queden grabados en este libro.
Si respondes a las preguntas, escribirás tu historia, tu viaje,
la vida de una persona muy querida que conservaremos para siempre.
No te sientas obligado a responder todas las preguntas,
contesta solo las que quieras. Y si lo deseas, añade recuerdos, fotografías y dibujos.
Puedes escribir este libro solo, pero si quieres te ayudamos, así pasaremos
un poco de tiempo juntos y seremos muy felices de recordar contigo
tus mejores momentos del pasado.

TUS RAÍCES
PÁGINA 12

- ÁRBOL GENEALÓGICO
- TUS PADRES
- TU NACIMIENTO

TU INFANCIA
PÁGINA 28

- TUS PRIMEROS RECUERDOS
- TUS HERMANOS
- TU COLEGIO
- TUS PRIMEROS AMIGOS

JUVENTUD Y ADOLESCENCIA
PÁGINA 48

- TUS GUSTOS Y AFICIONES
- TU PRIMER AMOR
- TU TRABAJO

TU FAMILIA
PÁGINA 68

- TÚ Y LA ABUELA
- TUS HIJOS

PRESENTE Y FUTURO
PÁGINA 86

- TUS RAÍCES -

TUS RAÍCES

FAMILIA MATERNA

TU ABUELO

TU ABUELA

TU PADRE **TU MADRE** **TU TÍO/TÍA** **TU TÍO/TÍA** **TU TÍO/TÍA**

TÚ (ABUELO) **LA ABUELA** **TU TÍO/TÍA** **TU TÍO/TÍA**

MI TÍO/TÍA **MI TÍO/TÍA** **MI TÍO/TÍA** **MI TÍO/TÍA** **MI TÍO/TÍA**

YO

TUS RAÍCES

¿Cuál es tu apellido y de dónde proviene?
¿Conoces la historia de su origen?

¿Cuál es tu nombre completo?
Escribe todos los apellidos que conozcas de tu familia

¿Por qué motivo te llamaron así?

¿Te llamas como alguna otra persona de la familia?

TUS RAÍCES

¿Cómo se llamaban tus padres? ¿Dónde nacieron y dónde vivían?

¿Qué recuerdos tienes de ellos?

¿Cómo se conocieron?

¿Qué acostumbraban a hacer en su tiempo libre?

TUS RAÍCES

¿Qué tipo de tradiciones celebraban?

¿Solían viajar? ¿Dónde pasaban sus vacaciones?

¿Conoces alguna anécdota o historia divertida sobre su vida juntos?

¿Cuándo y dónde naciste? ¿Sabes alguna anécdota de ese momento?

Usa las siguientes páginas para incluir fotos de *la familia*

Puedes añadir un título y una breve descripción, si quieres

- TU INFANCIA -

TU INFANCIA

¿Cuáles eran tus juegos o juguetes favoritos?

¿Cómo se divertía la familia siendo tú un niño?

¿Dónde estaba la casa donde creciste y cómo la recuerdas?

¿En qué ciudades viviste?

TU INFANCIA

¿Cuál es la época más difícil que recuerdas haber vivido en casa?

¿Qué te daba miedo cuando eras pequeño?

¿Qué canción te solían cantar tus padres?

¿Tuviste algún apodo mientras crecías?

TU INFANCIA

¿Cuando eras pequeño, practicabas algún deporte?

¿Tocabas algún instrumento?

¿Tuviste alguna mascota?
Si es así, ¿cómo se llamaba y quién la cuidaba?

¿Qué querías ser de grande, cuando eras niño?

TU INFANCIA

¿Cuáles son los nombres completos de tus hermanos y hermanas? ¿Cuál era tu favorito/a?

¿Puedes contarme alguna historia o recuerdo sobre ellos?

¿Te peleabas con tus hermanos y hermanas?

¿Hay alguna gamberrada que recuerdes de tu infancia?

TU INFANCIA

¿Te gustaba ir al cole? ¿A qué cole ibas?

¿Recuerdas algún profesor en especial? ¿Y algún compañero/a?

¿Cuál era tu asignatura favorita? ¿Por qué?

¿Te reñían mucho los profesores o te portabas bien?
¿Qué hacían los profesores cuando te reñían?

TU INFANCIA

¿Cómo conociste a tus primeros amigos?

¿A qué solíais jugar?

Dentro del grupo de amigos, ¿quién eras tú?
(el gamberro, el bueno, el chivato ...)

¿Mantienes amistad con alguno de ellos?

Usa las siguientes páginas para incluir fotos de *tu infancia*

Puedes añadir un título y una breve descripción, si quieres

- JUVENTUD Y ADOLESCENCIA -

JUVENTUD Y ADOLESCENCIA

Describe cómo eras de joven

¿Qué solías hacer en tu tiempo libre?

¿Qué caprichos te dabas?

¿Quién era tu mejor amigo/a?

JUVENTUD Y ADOLESCENCIA

¿Cuál es la vez que más te metiste en problemas?

¿Cuál es la película que más te gustó ver en el cine?

¿Y la canción que más bailaste?

¿Cuál es el viaje más lejano que hiciste? ¿Y el mejor que recuerdas?

JUVENTUD Y ADOLESCENCIA

¿Recuerdas la primera vez que fuiste a votar?

¿Recuerdas a tu familia hablar de política?

JUVENTUD Y ADOLESCENCIA

¿Has vivido algún acontecimiento histórico importante?

¿Cuál es la noticia o el momento histórico que más te impactó?

JUVENTUD Y ADOLESCENCIA

¿Quién fue tu primer amor? ¿Cómo fue tu primera cita?

¿Cuántas veces te has enamorado?

¿Cuál ha sido la mayor locura que has hecho por amor?

¿Alguna vez te han roto el corazón?

JUVENTUD Y ADOLESCENCIA

¿A qué edad empezaste a trabajar? ¿Qué trabajos has realizado?

¿Cómo te decidiste por tu profesión?

¿Cuál ha sido el trabajo que más te ha gustado?

¿Cuál fue el momento más divertido que recuerdas de tu trabajo?

JUVENTUD Y ADOLESCENCIA

¿Cuál fue tu primer sueldo y cómo lo usaste?

¿Te llevabas bien con tus compañeros de trabajo?
¿Conservas amistad con alguno de ellos?

¿Tuviste un buen/a jefe/a?

¿Qué edad tenías cuando te jubilaste?

JUVENTUD Y ADOLESCENCIA

Usa las siguientes páginas para incluir fotos de *tu juventud y adolescencia*

Puedes añadir un título y una breve descripción, si quieres

- TU FAMILIA -

TU FAMILIA

¿Cómo conociste a la abuela?

¿Cómo fue vuestra primera cita?

¿Dónde vivíais cuando os conocisteis?

¿Durante cuánto tiempo salisteis juntos antes de casaros?

TU FAMILIA

¿A qué edad os casasteis?

¿Cómo fue vuestra boda?

¿Cómo le propusiste/te propuso matrimonio?

¿Cómo fue vuestra Luna de Miel?

TU FAMILIA

¿Cómo describirías a la abuela?

¿Qué es lo que más admiras de ella?

¿Qué es lo que más admira ella de ti?

¿Qué es lo que más os hace rabiar?

TU FAMILIA

¿Cuántos hijos tienes? ¿Dónde nacieron?

¿Cuáles son sus nombres y por qué los llamasteis así?

¿Qué era lo que más te gustaba hacer con ellos cuando eran pequeños?

¿Qué es lo más extraño que tus hijos hicieron de pequeños?

TU FAMILIA

¿Qué cosas te hacían reír de tus hijos cuando eran pequeños?

¿Qué cosas te hacían enfadar?

¿Qué consejo darías a tus hijos y nietos para ser un buen padre?

¿Qué consejo les darías para ser feliz?

Usa las siguientes páginas para incluir fotos de *tu familia*

Puedes añadir un título y una breve descripción, si quieres

- PRESENTE Y FUTURO -

PRESENTE Y FUTURO

¿Cuál ha sido el momento más feliz de tu vida?

¿Hay algo que siempre has querido hacer y nunca hiciste?

¿A qué sitio del mundo no fuiste y siempre has querido ir?

De los que has visitado, ¿cuál ha sido tu favorito?

PRESENTE Y FUTURO

¿De qué te arrepientes? ¿Cambiarías algo de tu vida?

Si pudieras cambiar algo de ti, ¿qué sería?

¿Qué deseas para tus hijos/nietos?

¿Cuál es el mejor consejo que me puedes dar?

PRESENTE Y FUTURO

¿A quién echas de menos?

¿Qué persona cambió el rumbo de tu vida?

¿Cuáles fueron las decisiones más difíciles que tuviste que tomar?

¿Cuál es la experiencia más difícil que has vivido?

PRESENTE Y FUTURO

¿Qué es lo que más te gusta hacer ahora?

¿Qué es para ti un día perfecto?

¿Cuál es tu libro favorito?

¿Recuerdas cuándo usaste por primera vez un teléfono móvil, internet, un televisor y un ordenador?

PRESENTE Y FUTURO

¿Qué envidias de los jóvenes de ahora?

¿Cuál es tu opinión sobre la música de hoy en día?

¿A qué personaje histórico te habría gustado conocer?

¿Sabes ya si el huevo llegó antes que la gallina, o la gallina antes que el huevo?

Usa las siguientes páginas para añadir más preguntas, si quieres

*Nunca vayas de viaje
con alguien a quién no amas.*

Ernest Hemingway

Made in United States
Orlando, FL
02 August 2023